Lex Bos Zwölf Drachen

LEX BOS

ZWÖLF DRACHEN

im Kampf mit sozialen Initiativen

aus dem Niederländischen
von Loek van Heyningen

VERLAG AM GOETHEANUM

Einbandgestaltung von Gabriela de Carvalho

Gesamtherstellung: Freiburger Graphische Betriebe
ISBN 3-7235-0644-5

Inhalt

Zur Entstehungsgeschichte dieser Arbeit

Zu Beginn der siebziger Jahre entstand die Notwendigkeit, neue Mitarbeiter der niederländischen Triodos-Gruppe einzuarbeiten und ihnen die Erfahrungen der Beratungsarbeit zu vermitteln. Triodos ist eine Organisation, die neuen Initiativen hilft, sich zu verwirklichen. Die Beratung richtet sich auf die Pflege der Ziele, der sozialen und rechtlichen Formen und auf die Finanzierung. Bei dieser internen Ausbildungsarbeit war die folgende Frage sehr fruchtbar: Welche Widerstandskräfte wirken bei der Arbeit der Initiativen von innen und außen? An Hand dieser Frage konnten die Beratungserfahrungen gut besprochen werden.

Im Dezember 1978 wurde in der Steiner Hall in London eine Arbeitskonferenz organisiert, damit diejenigen, die in England mit anthroposophisch orientierten Initiativen arbeiteten, einander begegnen konnten. Der Autor wurde gebeten, unter dem Titel «Midwifery of social initiatives» einen Beitrag zu leisten. Durch das Wort «Midwifery» entstand das Bild des Drachens, der das Kind der Jungfrau verschlingen will.

Im Frühling des Jahres 1979 erschien in der Zeitschrift «Jonas» (Amsterdam) eine Artikelreihe unter diesem Titel. Die positiven Reaktionen ließen das Thema weiter wachsen.

Der Autor hatte anschließend die Möglichkeit, in verschiedenen Gruppierungen zu diesem Thema zu sprechen und die Reaktionen zu verarbeiten: im Herbst des Jahres 1979 in England im Centre for Social Development (Emerson College, Forest Row, Sussex), wo Sozialarbeiter aus verschiedenen Kontinenten zusammenkamen, im Herbst 1980 während eines Seminars in Göteborg, wo sich Skandinavier trafen, um über ihre sozialen Initiativen zu sprechen und dann noch im Frühling des Jahres 1981 im Centro Paulus in São Paulo, wo hauptsächlich Brasilianer anwesend waren.

Vielleicht hat das Thema im Laufe dieser Entstehungsgeschichte eine Reife erlangt, die es erlaubt, etwas davon aufzuschreiben. Was die Form betrifft, waren die drei Vorträge in São Paulo ausschlaggebend. Es wurde versucht, ein Ganzes daraus zu machen.

I.

Der Widerspruch von «sozial» und «initiativ» und dessen Lösung durch die Überwindung der Widerstandskräfte. Die ersten sechs Drachen

Die sozialen Fragen der Welt werden immer dringlicher. Sie erfordern Sozial-Arbeit. Sozialarbeit kann auf verschiedene Weise gestaltet werden. Doch werden immer Initiativen von Menschen als Ausgangspunkte da sein müssen. Positive Entwicklungen kommen nicht von alleine. Sie fallen nicht wie Regen vom Himmel. Sie kommen zustande, indem Menschen sich konkret mit ihrem Willen für etwas einsetzen. In diesem Sinne habe ich das Wort «soziale Initiative» gebraucht. Ich möchte in diesen Vorträgen etwas zur Pflege der sozialen Initiativen sagen.

Wir werden erst einmal den Ausdruck «soziale Initiative» genauer betrachten. Der Ausdruck beinhaltet eine merkwürdige Widersprüchlichkeit. Denn, wenn wir über Initiativen sprechen, denken wir ja nicht an willkürliches Benehmen oder an eine zufällige Tat. Man denkt dann an etwas, das aus dem Kern des Menschen, aus seinem Wesenskern stammt. Man gebraucht das Wort zu oft und deshalb nützt es sich ab. Doch eine wahrhafte Initiative hat etwas Heiliges. Wir haben dabei das Gefühl, etwas, das zum eigenen Wesen gehört, wird mit dem eigenen Willen hinausgeschickt. Man fühlt sich mit Initiativen persönlich verbunden. Das ist auch der Grund, weshalb man sich persönlich angegriffen fühlt, wenn eine Initiative kritisiert wird oder zu scheitern droht.

Mit dem Adjektiv «sozial» wird ausgedrückt,

daß es Handlungen betrifft, die ganz aus dem anderen Menschen stammen. «Sozial» heißt immer altruistisch, auf den anderen hin orientiert, selbstlos.

Was heißt das nun, wenn die Worte «sozial» und «Initiative» miteinander verbunden werden? Es weist hin auf etwas, das völlig aus dem Inneren des einen Menschen stammt und sich zur gleichen Zeit vollkommen auf den anderen Menschen richtet. Oft haben wir das Gefühl: Wenn ich wirklich das tue, was ich will, dann tue ich dem anderen Menschen Gewalt an. Wenn ich dagegen mein Handeln durch das bestimmen lasse, was andere wollen, muß ich mich selbst preisgeben. Wie lassen sich diese zwei Aspekte vereinigen? Wie ist es möglich, daß eine Tat wirklich Initiativcharakter hat, von meinem Ich ausgeht und trotzdem völlig auf das hin orientiert ist, was andere Menschen brauchen?

Diesen Gegensatz zu lösen, hat mit der Entwicklung der Freiheit zu tun. Wer sich, von innen heraus, von seinen Begierden lenken läßt, ist nicht frei. Wer seine Handlungen durch Verhaltensnormen von außen bestimmen läßt, ist ebensowenig frei. In sozialen Initiativen verbinden sich diese beiden Unfreiheiten auf einem höheren Niveau zu Freiheit. Man läßt sich völlig von innen heraus und von außen führen.

Ich denke, daß darum soziale Initiativen ständig

in Gefahr sind. Denn Freiheit ist ein hohes Gut. Sie wird uns nicht gegeben, sondern muß von uns, gegen Widerstände kämpfend, entwickelt werden.

Ich möchte ein Bild an den Anfang stellen. Wenn man in Gedanken bei einer möglichen Initiative ist oder wenn man spürt, wie der Wille für eine Initiative allmählich stärker wird, kann man sich selbst wie eine Frau erleben, die ein Kind erwartet: etwas will in mir oder durch mich geboren werden. Wenn die Initiative dann wirklich beginnt, empfinden wir, daß es noch ein zartes Kind ist. Das Initiativbaby muß beschützt werden, denn von allen Seiten drohen Gefahren.

Dieses Bild in seiner kosmischen Dimension steht in der Apokalypse des Johannes. Da findet man die grandiose Imagination der Jungfrau, die ein Kind gebären soll, während der Drache bereitsteht, es zu verschlingen.

Unsere Initiativkinder werden auch durch einen Drachen, ja sogar durch mehrere, bedrängt. Ich möchte Ihnen heute und morgen eine ganze Drachenfamilie vorführen. Es ist gut, sie zu kennen, dann kann man sie auch erkennen. Dies ist die erste Bedingung, sie bekämpfen zu können, ja, um ihre Kräfte positiv zu nutzen!

Es ist wichtig, den Kampf mit dem Drachen aus einer positiven Haltung heraus zu führen. Denn, auch wenn die Drachen Instrumente des Bösen sind, brauchen wir sie als Widerstandskräfte. Dadurch werden unsere Initiativen stark und fruchtbar.

Das Erfahrungsmaterial, das diesen Betrachtungen zugrundeliegt, stammt aus der Arbeit mit der Triodos-Gruppe. Diese Initiative, die im Jahre 1980 zur Gründung der Triodosbank führte, hat eine Entstehungsgeschichte von ungefähr zehn Jahren. Während dieser zehn Jahre hatte die Initiativgruppe die Möglichkeit, vielen unterschiedlichen Gruppen bei der Geburt und der Erziehung ihrer Initiativkinder zu helfen. Sie wurden nicht nur in bezug auf die Finanzfrage beraten – Wie erhalten wir das nötige Geld? –, sondern auch über die passende Rechtsform, über mögliche Arbeitsweisen, eigentlich über den Weg, auf dem sich eine Initiative aus dem Geistigen auf der Erde inkarnieren kann. Für diese Arbeit wurde deshalb der Name *Triodos* gefunden. Er bedeutet «dreifacher Weg». Für uns vollzieht sich die Hilfe bei der Geburt einer Initiative auf einem dreifachen Weg, der sich in drei Fragen ausdrückt:

- Ist die Initiative spirituell gesund? Welches sind ihre Quellen? Steht eine Idee dahinter?
- Ist die Initiative sozial gesund? Wird sie durch andere Menschen unterstützt? In welches juristische und organisatorische Kleid hüllt sie sich?
- Ist sie wirtschaftlich gesund? Geht sie auf wirkliche Bedürfnisse anderer Menschen ein?

Wir machten die Erfahrung, daß in dem Maße, wie diese Fragen positiv beantwortet werden konnten, die drei Finanzquellen auf selbstverständliche Art zugänglich wurden. Aus diesen konnte die Initiative ihre Lebenskräfte schöpfen.

Die Triodos-Gruppe gab mir die Möglichkeit, Hunderte von Initiativen in ihrer Biographie zu verfolgen. Viele verschiedene Personen und Gruppen, die etwas unternehmen wollten, kamen mit Triodos ins Gespräch: um einen Kindergarten, einen Laden, ein Labor, einen Verlag, eine Spielzeugfabrik, eine Druckerei, einen Landwirtschaftsbetrieb aufzubauen und so fort. Diese Erfahrungen lehrten mich, durch wieviele Drachen Initiativen bedrängt werden. Ich möchte diese nun in willkürlicher Folge benennen. Morgen und übermorgen werden wir dann untersuchen, ob in der Drachenfamilie vielleicht doch ein Zusammenhang zu entdecken ist.

1. Der Subventions-Drache

Wer schon einmal versucht hat, eine Initiative aufzubauen, weiß, daß man schnell in eine Lage kommt, wo Geldmangel auftritt. Geld wird gebraucht für ein neues Gebäude, für eine größere Auflage, für Maschinen, für die Ausbildung neuer Menschen und so weiter. In solch einem Augenblick träumt man von einer großen Erbschaft. Man sitzt in der Initiativgruppe zusammen und seufzt und stöhnt, weil kein Geld da ist. Wo, um Gottes Willen, holen wir das Geld her? Wenn die Tante Claudia nun sterben würde? Oder wenn wir vom Staat unverhofft eine kräftige Unterstützung bekämen? Oder wenn einer von uns den Haupttreffer im Lotto gewinnen würde!

Solche Gedanken haben eine gewaltige Versuchung. Denn was geschähe, wenn plötzlich hunderttausend Mark auf dem Tisch lägen? Die Initiative hat nun scheinbar die Möglichkeit, sich zu inkarnieren, denn mit diesem Geld kann das Ideal verwirklicht werden. Man kann direkt einen neuen Kindergarten bauen, die folgenden vier Ausgaben der Zeitschrift können herausgegeben werden, im Laden kann man mit einem großen Vorrat anfangen, so daß der Kunde sofort eine größere Auswahl hat und so weiter.

Dann kommt jedoch der Augenblick, in dem das Geld alle ist. An diesem Punkt muß die Frage, ob die Initiative wirklich durch die Umgebung gewollt wird, beantwortet werden. Nur wenn diese Frage positiv beantwortet wird, ist die Kontinuität der Initiative garantiert.

Durch alle Beschreibungen der Drachen zieht sich die Frage der Beziehung der Initiative zu ihrer Umgebung wie ein roter Faden hindurch. Das wird vor allem deutlich, wenn wir uns klarmachen: Tante Claudia stirbt nicht, der Staat gibt keine Unterstützung, wir haben keine sechs Richtigen im Lotto.

Was muß die Initiativgruppe dann tun? Die Alternative ist eine mühsame Kampagne, zum Beispiel für Schenkungen. Das heißt, daß die Mitglieder der Initiativgruppe Hunderte von Menschen ansprechen müssen. Nicht nur, um zu betteln, sondern auch, um mit Begeisterung über die Initiative zu sprechen.

Welche neuen Wirklichkeiten entstehen dadurch? Erstens ist die Initiativgruppe verpflichtet, mit anderen Menschen darüber zu sprechen. Vielleicht hat die Gruppe bis jetzt nur in ihrem eigenen Kreis über die Initiative gesprochen. Dort hat man sich schnell verstanden. Jetzt muß man gegenüber Dritten über die Initiative sprechen und zwar so, daß sie begeistert werden und nach dem Geldbeutel greifen.

Zweitens wäre es möglich, daß die Mitglieder der Initiativgruppe entdecken, daß sie doch sehr unterschiedliche Vorstellungen über den Inhalt der Initiative haben. Sie können solche Entdeckungen zum Beispiel machen, wenn sie gemeinsam jemanden ansprechen, um diesen zu veranlassen, etwas zu spenden, und der eine hört dann, wie der andere über die Initiative spricht. Solche Erfahrungen können dazu beitragen, in einem frühen Stadium, bevor Konflikte entstehen, Undeutliches zu klären.

Schlußendlich entsteht durch die Hausieraktivität um die Initiative ein Wärmemantel. Spenden sind «warmes» Geld. Subventionen, Erbschaften, Lottogewinne sind «kalt». Man braucht dieses Geld nicht abzuweisen, aber man muß sich sehr bewußt sein, wie wichtig ein Wärmemantel ist. Aus Erfahrung wissen wir, daß Kleinkinder umhüllende Wärme brauchen.

Mit Spendenaktionen spürt man ab, ob eine Initiative gewollt ist, nicht nur von den Menschen, die direkt daran beteiligt sind, sondern auch von den Menschen, die die Idee tragen. Solche Kampagnen können auch Enttäuschungen bringen. Die Mitglieder der Initiativgruppe machen sich enthusiastisch auf den Weg, Geld einzusammeln. Nach einer Woche treffen sie sich wieder. Alle blicken enttäuscht: niemand hat sich für die schöne Initiative interessiert! Diese Erfahrung ist nicht schön, aber sie spiegelt die Wirklichkeit wider, der man in die Augen sehen muß ...

2. Der Verwaltungs-Drache

Es gibt Menschen mit guten Ideen. Sie haben phantastische Projekte im Kopf. Diese sind vielleicht auch noch richtig, die Welt wartet darauf. Aber leider haben diese Menschen keine Zeit, die Projekte selber auszuführen. Sie sind mit anderen Dingen viel zu beschäftigt. Sie suchen Menschen, die diese Ideen, dieses Projekt verwirklichen können.

An und für sich spricht nichts dagegen, daß Menschen sich durch Ideen anderer begeistern lassen. Die jedoch, welche die ursprüngliche Idee hatten und selbst keine Zeit oder Kraft haben, wirklich einzusteigen, dürfen nicht das Monopol für sich beanspruchen, wenn andere die Idee in die Tat umsetzen wollen. Die Gruppe, die sich an die Arbeit macht, muß die Freiheit haben, diese Idee auf ihre Art und Weise zu verwirklichen.

Mir ist das konkrete Beispiel einer Person bekannt, die eine meisterhafte Idee für eine Art Therapieladen hatte, wo man Sachen kaufen konnte, aber auch unter Begleitung, als Therapie, die Sachen herstellen konnte. Sie hatte eine Gruppe angeregt, in dieser Richtung etwas zu unternehmen. Die Gruppe verwirklichte die Idee. Diese Person mischte sich jedoch aus der Ferne fortwährend in die Realisierung der Initiative ein. Sie hatte selbst keine Zeit, war doch der geistige «Vater», war ständig drin und doch wieder draußen. Sie widersetzte sich immer, wenn die Gruppe die Initiative in eine Richtung hin entwickelte, die ihr nicht gefiel. Diese Person hatte nicht selbst konkret erfahren, was passiert, wenn man mit einer Idee tatsächlich in die harte Wirklichkeit eintaucht. So konnte sie nur aus der Abstraktion der Idee heraus leiten, nicht aus der konkreten Erfahrung. Als Beratung hätte die Arbeitsgruppe ihre Ansicht gut brauchen können; sie wehrte sich jedoch gegen diese steuernden Interventionen. Es führte leider zu einem Bruch.

In einer späteren Phase der Initiative kann man es sich gut vorstellen, daß eine gewisse Arbeitsteilung entsteht zwischen einer Gruppe, die der Ideenträger ist, diese Ideen auch pflegt und daran arbeitet und einer Gruppe, die mehr praktisch arbeitet. Die Gefahr, daß wieder Verwalter eingesetzt werden, die aus der Ferne und also bürokratisch leiten, ist permanent da.

Als Rudolf Steiner im Jahre 1919 die Waldorfschule in Stuttgart einrichtete, sprach er ausdrücklich über Selbstverwaltung: Die Lehrer müssen miteinander die Verwaltung der Schule bilden. Einige können für kurze Zeit (teilweise) von ihrer pädagogischen Aufgabe freigestellt werden, so daß sie für verwaltende, administrative und organisatorische Aufgaben mehr Zeit haben. Man hüte sich jedoch vor Spezialisten und professionellen Verwaltern. Sie stehen nicht mehr in der Arbeit mit den Kindern. Sie führen ihr pädagogisches Handwerk nicht mehr aus. Zum Hauptstrom der Schule haben sie keine Verbindung mehr. Sie sitzen hinter ihrem Schreibtisch und leiten. Das kann nur zur Bürokratie führen, tödlich für jegliche Kreativität.

3. Der Organisations-Drache

Wir erlebten schon einige Male, daß eine Initiative zwar in einem frühen Stadium war, aber dennoch eine völlig ausgearbeitete Struktur hatte: eine Stiftung zur Unterstützung und eine Arbeitsstiftung, beide mit einer Leitung und einem Kuratorium, ausführliche Stiftungsakten, Statuten und Organisationsschemen. Alles war da, bis hin zu einer exakten Vorausberechnung sowohl der Betriebsrechnung als auch der Bilanz der kommenden fünf Jahre.

Das Ganze ist etwas verschärft dargestellt, aber damit wird der Drache deutlich. Es handelt sich hier um Menschen, die wenig Vertrauen in das Leben haben. Das Leben schafft sich seine eigenen Formen. Der Fluß macht sich sein eigenes Flußbett. Die lebendige Entwicklung wird selbst zeigen, welche Formen notwendig sind. Die Menschen dieser hier beschriebenen Initiativgruppe hatten in das Leben so wenig Vertrauen, daß sie Formen schufen, noch bevor es Leben gab: juristische und organisatorische Strukturen, genaue Arbeitsverteilungen, Verfahrensweisen und so weiter.

Die Frage dabei ist: Kann sich das Leben in diesen Formen vollziehen? Kann die Initiative sich innerhalb dieser Struktur frei entwickeln? Oder sind die Ströme dieser Initiative von vornherein schon lebensfremd kanalisiert worden?

Dieser Drache kann auch in Modellform auftreten und erhält dann einen mehr ideologischen Charakter. Ich erinnere mich an eine Gruppe von Menschen, die in einer Stadt ein Café eröffnen wollten im Zusammenhang mit einem Laden und einem Kursraum. Alle waren begeistert von der Idee der sozialen Dreigliederung. Sie sagten: Wir wollen diese Dreigliederung hier einführen. Der Laden ist das Wirtschaftsleben, das Café als Ort der Begegnung von Menschen ist das Sozialleben und in dem Kurs- und Informationsraum ist das Geistesleben. Der Gewinn des Ladens geht als Schenkung an das kulturelle Zentrum.

So hatten sie sich alles ausgedacht. Dieses Modell wurde nun über die Wirklichkeit gestülpt. Es entstanden die größtmöglichen Probleme mit den Menschen, die in dieser Initiative mitarbeiten wollten. Sie erlebten einen von oben kommenden Dogmatismus, der die freie Entwicklung unmöglich machte.

4. Der Spaltpilz-Drache

Dieses Drachens bin ich mir bei verschiedenen Schulinitiativen bewußt geworden. An vielen Orten in Holland ist die sogenannte neutrale Erziehung so schlecht geworden, daß für Eltern die Grenze des Zumutbaren überschritten ist. Sie werden reif für eine alternative Schule. Wenn man genügend Unterschriften sammelt, ist es relativ einfach, mit einer Schule zu beginnen. Der Staat ist dann verpflichtet, Subventionen zu leisten.

Formal-juristisch ist die Schule gegründet, aber nun kommt die Wirklichkeit. Man muß Lehrer suchen, Lehrmittel müssen gekauft, Klassenzimmer eingerichtet werden, die Beziehung Schulverein–Lehrer–Eltern muß geregelt werden und so weiter. Es zeigt sich nun, daß die Initiativteilnehmer in der Abweisung des Alten sich finden, aber in bezug auf das Neue sehr unterschiedliche Vorstellungen haben. Jeder füllt den Begriff «alternativ» auf seine Weise.

Einige interpretieren ihn demokratisch: Die Eltern müssen in allem mitentscheiden können, ab einem gewissen Alter auch die Schüler. Andere sind für das Antiautoritäre: Die Kinder müssen sich frei ausleben können. Wieder andere sprechen über Dalton, Montessori, Jenaplan und Waldorfschule.

Natürlich wurde anfangs in der Initiativgruppe über alle diese Vorstellungen gesprochen. Es kamen aber so viele praktische Fragen im Zusammenhang mit der Subventionierung auf die Gruppe zu, daß sie diese prinzipiellen und inhaltlichen Fragen vor sich her geschoben hat.

Und damit fängt der Spaltpilz seine Arbeit an. Die Initiativgruppe droht von innen her zerstört zu werden, und damit schwankt der Boden unter der ganzen Schule.

Das Schlimmste ist, wenn diese – unvermeidliche – Diskussion über Inhalt und Hintergrund, über Menschen- und Gesellschaftsbild erst losgeht, wenn die Schule schon läuft. Denn es ist die Kernfrage, ob sich all diese Strömungen vertragen.

Es gibt natürlich Menschen in so einer Gruppe, denen das nichts ausmacht. Sie sagen: «Laßt uns doch tolerant sein. All diese verschiedenen Schulströmungen haben ein Recht zu bestehen. Sie haben alle ihre starken und schwachen Seiten. Man kann doch aus jeder das Gute nehmen: das Künstlerische aus der Waldorfschule, die Selbsttätigkeit aus der Montessorischule, den Projektunterricht aus der Daltonschule und so weiter. Wir können das doch miteinander verbinden?» So reden die toleranten, zum Kompromiß bereiten Menschen.

Es ist die Frage, ob dies ein praktischer Gedanke ist. Es gibt viele Beispiele, die verdeutlichen, daß eine solche Denkweise entweder zu internen Konflikten oder zu farblosen, grauen Kompromissen führt.

Wir stoßen hier auf ein Prinzip, das Rudolf Steiner formulierte, als er über die soziale Dreigliederung und die Bedeutung der Freiheit im Geistesleben (zum Beispiel im Unterricht) sprach. Er sagte, daß die Konkurrenz als Kampfprinzip nicht in das Wirtschaftsleben gehöre. Durch die Arbeitsteilung im Wirtschaftsleben entstehe weltweite Abhängigkeit. Dies erfordere Brüderlichkeit, gegenseitige Dienstleistung.

Im Geistesleben gibt es keine Arbeitsteilung. Da müssen die allerverschiedensten geistigen Strömungen die Möglichkeit haben, ihre Identität zu zeigen. Das ist ein *interner* Kampf um die Idee! Alle diese Geistesströmungen dürfen sich ihre Identität nicht durch Kompromisse verwässern lassen. Das Geistesleben muß so eingerichtet sein, daß zum Beispiel eine Waldorfschule die Möglichkeit hat, deutlich sichtbar zu werden mit Lehrern und Eltern, die diesen Unterricht wollen. Daneben muß zum Beispiel eine Montessorischule denselben Raum haben (wenn genügend Eltern und Lehrer hinter dem Prinzip der Schule stehen), um zu zeigen, was sie wert ist. Das gleiche gilt für die anderen Strömungen. Keine Konkurrenz, sondern Kampf um die Idee, die man glaubt, so gut wie möglich zu verwirklichen.

Es ist eine unangebrachte Form von Toleranz, wenn man sagt: «Wir wollen doch alle den Unterricht verbessern. Laßt uns alles auf einen Haufen werfen und das Beste daraus wählen.» Dadurch entstehen nur graue Kompromisse mit internen Spannungen. Das gleiche gilt in bezug auf Gesundheitszentren. Was beinhalten die Alternativen: Akupunktur, Heilung mit natürlichen Mitteln, Homöopathie, anthroposophische Medizin? Auch hier sieht man bei der Initiative den Spaltpilz-Drachen arbeiten. Er läßt das Bewußtsein während der Schwangerschaft und der Geburt «einschlafen», er bringt die verschiedensten Initiativen und Impulse zueinander. Bewußtsein darüber entsteht erst später. Dann aber ist die «Säuberung» für die laufende Initiative katastrophal.

Sobald man einem Drachen den Kopf abschlägt, wachsen dafür zwei neue nach. So ist es auch bei diesem. Hier lauern unter anderem der schon besprochene Organisations-Drache und auch der Sekten-Drache.

5. Der Narziß-Drache

Narziß ist eine mythologische Figur. Er entdeckt sein Spiegelbild im Teich und verliebt sich in dieses. Auf die gleiche Art kann eine Gruppe Menschen sich in ihre eigene Idee verlieben. Man kann innerlich ganz von der Idee erfüllt sein. Daraus kann auch ein großes Verantwortungsgefühl für die Verwirklichung dieser Idee entstehen. Die Gruppe sagt oder denkt: «Es ist ganz deutlich, die ganze Welt wartet auf uns, auf unsere Idee. Wir wollen die Welt mit unserer Idee glücklich machen.» Ideen können im Menschen große Wirkungen haben. Man kann auf eine gewisse Weise davon besessen sein. Es können Dreigliederungsideen, marxistische Ideen oder andere Ideen sein. Man lebt dann so stark in ihnen und will sie so gerne verwirklichen, daß man die Wirklichkeit nicht mehr wahrnimmt.

Goethe sagte einmal, das Auge dürfe nicht begehren. Denn wenn wir die Kräfte der Begierde mit in die Wahrnehmung hinausnehmen, sehen wir draußen nur noch unsere eigenen Vorstellungen. Man sieht nur das, was man sehen will. Ein Schuhfabrikant, der seinen Umsatz gerne steigern will, sieht in der Welt draußen nur noch Menschen, die dringend Schuhe brauchen und zwar von seinem Fabrikat. Es stellt sich die Frage, ob er wirklich das Bedürfnis nach Schuhen sieht oder nur seine eigene Absatzbegierde.

So ist es auch mit Idealen und mit ideellen Vorstellungen; sie können noch so schön und wahr sein. In dem Augenblick, wo die Begierde überhandnimmt, wird die Wahrnehmung getrübt. Solche Initiativteilnehmer sehen nicht, daß die Widerstände, die sie bei der Verwirklichung ihrer Ideen erfahren, entstehen, weil ihre Ideen nicht an die Wirklichkeit anknüpfen. Sie geben Antworten auf nicht gestellte Fragen.

Dies kann dazu führen, daß sie noch mehr Kraft, Anstrengung und Begeisterung für ihre Ideen aufwenden und diese den Charakter des Fanatismus, Missionsdranges und Märtyrertums bekommen. Solche Prozesse können zu physischen Krankheitserscheinungen führen. Dadurch geraten sie in ein immer größeres Spannungsfeld zwischen Idee und Wirklichkeit.

6. Der Amateur-Drache

Wer eine Initiative verwirklichen will, muß ein gewisses Können haben. Die Idee kann einem Menschen klar vor Augen stehen. Es ist jedoch die Frage, ob er auch die Kapazitäten hat, sie zu verwirklichen. Es kann sich dabei um soziales, finanzielles, pädagogisches, organisatorisches, verwaltungstechnisches, künstlerisches oder anderes Können handeln. Guter Wille und Begeisterung ersetzen auf Dauer nicht den Mangel an Können.

Oft fängt man mit einer Initiative an ohne besonderes Können. Dieses entsteht allmählich. Der Mensch kann sich entwickeln, indem er an einer Aufgabe arbeitet. Das geschieht jedoch nicht von alleine; man muß kräftig an sich selbst arbeiten.

Wenn eine Initiativgruppe ein gewisses Können nicht hat, darf sie sich nicht scheuen, es sich zu holen. Andere Eigenschaften muß sie jedoch selbst entwickeln. Die Initiative gibt meistens selbst an, welche das sind. Nun ist es ein Gesetz, daß jede Veränderung in der Außenwelt mit einer Veränderung in der Innenwelt korrespondieren muß. Ich darf nicht erwarten, daß draußen im sozialen Leben sich etwas wesentlich verändert, wenn ich selbst nicht auch in Bewegung komme. Der Entwicklungsprozeß draußen findet seine Ergänzung in einem inneren Schulungsweg. Wer das nicht klar sieht und glaubt, daß man mehr oder weniger derselbe bleiben und trotzdem in der Außenwelt Entwicklungen in Gang bringen kann, der wird nicht einsehen, daß alle Probleme, die möglicherweise bei der Verwirklichung der Initiative entstehen, mit dem eigenen unzulänglichen Können verbunden sind und mit der Tatsache, daß er nicht genug an sich selbst gearbeitet hat. Das soziale Geschehen wurde ihm kein persönlicher Lernprozeß. Das kann auch für eine Initiativgruppe als Ganzes gelten.

Bei allem, was anders verläuft als man es sich vorgestellt hat, wird der Blick nicht nach innen gerichtet. Man sucht statt dessen die Ursache in der Außenwelt: der Behörde, der Gemeinde, den Eltern, den Finanzen und so weiter. Der Amateur-Drache flüstert uns fortwährend zu, daß wir so bleiben können, wie wir sind, und dann bleiben wir Amateure …

II.

Weitere sechs Drachen. Zusammenhänge der zwölf Drachen untereinander: die Komplementär-Drachen

In der vorhergehenden Betrachtung behandelten wir den Ausdruck «soziale Initiative» und das merkwürdige Paradoxon, das darinnen verborgen liegt. Auf der einen Seite wirkt man kräftig aus dem eigenen Ich, auf der anderen Seite versucht man, sich ganz auf die Bedürfnisse der anderen auszurichten. In der Überwindung dieses scheinbaren Gegensatzes machen wir einen kleinen Schritt in Richtung Freiheit. Man hat dann die innere Sicherheit, daß man absolut sich selbst und doch ganz sozial ist. Weil wir diese Freiheit erobern müssen – sie wäre sonst nicht *unsere* Freiheit –, brauchen wir Widerstände. Wir haben erst begonnen diese Widerstandskräfte als Drachen zu beschreiben, die die neugeborenen Initiativbabys zu verschlingen versuchen. Auch wenn die Babys schon größere Kinder geworden sind, bleiben diese Drachen auf ihre Art wirksam.

7. Der Sekten-Drache

Initiativen, die aus einer Idee entstehen, aus einer geistigen Inspiration, möchten ihre Identität gerne profilieren. Das ist auch richtig. Ich sprach gestern davon, daß zum Beispiel Pädagogik aus den unterschiedlichsten Richtungen und Menschenbildern heraus möglich ist. In einem freien Geistesleben müssen alle diese Schulformen miteinander konkurrieren können. Der Sekten-Drache versucht, diese Tatsache nach außen zu projizieren. Dies führt dazu, daß eine Initiative, die zum Beispiel von einem anthroposophischen Hintergrund her kommt, sich nach außen nur an eine eingeschränkte Gruppe, in diesem Fall eine anthroposophische Elite, wendet. Wenn der Sekten-Drache sein Ziel erreicht, dann werden Waldorfschulen Schulen für Anthroposophen-Kinder, werden biologisch-dynamische Gärtnereien Zuchtstätten für Anthroposophen-Futter. Eine anthroposophische Buchhandlung wird dann ein «Klub-Laden». Initiativteilnehmer, die vom Sekten-Drachen erfaßt werden, finden eigentlich nur Geistesverwandte ihrer Initiative würdig.

Dieser Drache wirkt auch von außen. Man wird durch das Urteil der Außenwelt in eine Sekten-Ecke gedrängt. Leute sagen dann: «Waldorfschulen sind merkwürdige Schulen. Dort ist alles anders. Die sind gut für Kinder aus einem speziellen geistigen Milieu, aber nicht für gewöhnliche Menschen.»

Ich sah diesen von außen wirkenden Drachen deutlich an der Arbeit, als wir die Triodosbank gründeten. Wir waren im Gespräch mit De Nederlandse Bank, die die Bewilligungen zur Gründung neuer Banken erteilt. Es ist ein langer, mühsamer Weg, bis alle für die Anerkennung notwendigen Bedingungen erfüllt sind. Die Leute von De Nederlandse Bank sagten: «Wieso macht ihr von Triodos es euch selbst so schwer? Es gibt einen viel einfacheren Weg. Ihr könnt einen geschlossenen Verein bilden. Eine Bank für Anthroposophen.» Wir erwiderten, daß wir das nicht wollten. «Wir wollen eine Bank sein für all die Menschen, die an einer solchen Bank interessiert sind. Wir wollen auf eine neue, bewußtere Art mit Geld umgehen. Wer das der Mühe wert findet, muß mitmachen können, ungeachtet seiner geistigen Richtung. Wir wollen für alle Sparer und Kreditnehmer, die in diese Richtung neue Wege gehen wollen, offen sein.» Wir sind diesen mühevollen Weg gegangen und erreichten nach zwei Jahren die Anerkennung.

Hier wird eine Grundpolarität aus der sozialen Dreigliederung sichtbar. Die in einer Initiative stehen, die Initiative tragen, müssen das so viel wie nur möglich aus der Quelle tun, aus der sie in Freiheit schöpfen möchten. Nach außen hin muß die Gruppe brüderlich offen sein. Jeder, der sich für die Früchte interessiert, muß sie erhalten können. Der Sekten-Drache versucht das Prinzip, mit dem sich die Initiativgruppe sozusagen nach innen «verschließt», nach außen wirksam werden zu lassen. Dadurch erhält die Initiative einen sektiererischen Charakter.

8. Der Parasit-Drache

Es gibt heutzutage viele Menschen, die sich gegen die Tatsache wehren, daß die Arbeit ihnen keine Möglichkeiten mehr bietet, sich zu entwickeln. Man fühlt sich wie ein Rädchen an einer Maschine. Man kommt nicht mehr zu sich selbst. Diese Menschen finden, daß die Arbeit sie bereichern soll. Sie möchten bei der Arbeit etwas Positives erleben, zum Beispiel durch die berufliche Herausforderung, durch die soziale Gemeinschaft, die Selbstverwirklichung und so weiter. Solche Menschen können der Versuchung erliegen, zum Beispiel ein sozial orientiertes Projekt zu benützen (zu mißbrauchen), um sich zu entwickeln. Sie möchten sich als Gruppe erleben und suchen eine äußere Aktivität als Mittel zu diesem Zweck.

Sie gründen zum Beispiel einen Laden. Ladenbesitzer zu sein, heißt Dienstleistung anzubieten. Man verkauft Produkte, weil andere Menschen sie brauchen. Die Menschen wollen Aufklärung, Deutlichkeit, auch Sachlichkeit.

Was geschieht nun in einem Laden, in dem die Gründungsgruppe eigentlich nur an ihrer eigenen Entwicklung interessiert ist? Dort ist das, was sie selbst bei der Arbeit erlebt, wichtiger als die Dienstleistung an den Kunden. Es kann dann geschehen, daß der Laden einmal eine Stunde später öffnet, denn die Freunde waren so sehr in einen interessanten gruppendynamischen Prozeß verwickelt, daß sie es schade fanden, diesen abzubrechen. «Der Kunde kann doch wohl ein wenig warten?» Oder die Marmeladentöpfe stehen unerwarteterweise – sehr zum Ungemach des Kunden – an einem anderen Ort, weil einer der Mitarbeiter dies ästhetisch befriedigender fand.

Aus solchen Beispielen wird deutlich, wie das Arbeiten für andere nur Mittel zum Zweck war. Der eigentliche Zweck war die Selbstverwirklichung.

Mir ist eine Schule bekannt, die gegründet wurde, weil eine Gruppe von Menschen miteinander einen sozialen Schulungsweg gehen wollte. Das Objekt, an dem sie übte, war die Schule. Diese Schule zeigt heute, nach zwanzig Jahren, noch immer die Wunden dieser unwahren Gründungsmotive.

Der Parasit-Drache machte das Arbeitsleben, das immer Dienstleistung für andere beinhaltet, zum Mittel für eigene Entwicklungszwecke.

9. Der Hast-Drache

Man kann diesen Drachen auch Expansions-Drachen nennen. Er wirkt hauptsächlich dadurch, daß er den Inkarnationsprozeß beschleunigt und damit eine völlige Chaotisierung der internen Verhältnisse verursacht.

Man weiß, daß ein Baby neun Monate benötigt, um geburtsreif zu werden. Man weiß, daß eine Krankheit eine gewisse Inkubationszeit braucht. So braucht auch eine Initiative eine gewisse Zeit, damit die Initiativindividualitäten eine echte Gruppe werden können. Es wird klar, was man eigentlich will, und ein gemeinsamer Inhalt entsteht. Dann kann sich so eine Initiative aufrecht halten, wenn sie Wind und Wetter bloßgestellt wird. Es braucht diese Reifezeit auch, um in der Außenwelt abzuspüren, ob für diese Initiative wirklich ein Bedürfnis besteht. Wenn die Initiative einmal geboren ist, ist ruhiges Wachstum ebenso eine Bedingung, um die richtige Organisationsform zu finden und mit ihr Erfahrungen zu sammeln.

Der Hast-Drache läßt eine Initiative zu früh geboren werden und zu schnell wachsen. Sie verliert sich selbst aus Mangel an Substanz und droht durch Strukturmangel, durch inneres Chaos zugrunde zu gehen. Auch dieser Drache kann von innen und von außen kommen.

Von innen her kommt er, wenn die Initiativteilnehmer mit der Realisierung der Idee nicht warten können. Der Initiativwille ist dann von einer gewissen Begierde durchdrungen, und diese drängt nach frühzeitiger Verwirklichung.

Von außen her kommt der Drache oft in der Gestalt von Immobilien, des Gebäudes, des Grundstücks. Eine Gruppe plant einen Kindergarten. Sie weiß genau, daß die Pläne noch nicht ganz reif sind, aber plötzlich gibt es ein Angebot, *die* Chance: ein Haus, ein Raum! «Es liegt günstig, es ist billig, es ist genau das, was wir brauchen. Jetzt schnell handeln, schnell kaufen. Diese Gelegenheit kommt nie wieder!»

Es ist unglaublich, wie Immobilien die Menschen fanatisch und besessen machen, wie sie das Bewußtsein verengen. Man fängt schon an, das Gebäude einzurichten, umzubauen. Besonders wenn in der Initiativgruppe Leute mit einer Vorliebe für Architektur sind, kann man diese bewußtseinsverengenden Erscheinungen wahrnehmen. Dann hat die Gruppe sich bald so mit dem Raum oder dem Haus identifiziert, daß der Entschluß, vom Kauf abzusehen und zu warten, die allergrößte Selbstüberwindung kostet.

Dieser Drache kann noch auf eine andere Weise von außen her kommen. Die Zeit für eine Initiative kann überreif sein, dennoch kommt die Initiative zu spät. Beispielsweise gibt es schon lange Kinder, die eine Waldorfschule bräuchten, doch die Erwachsenen haben es versäumt, die nötige Initiative zu ergreifen. Endlich entsteht in der Ortschaft eine kleine Initiativgruppe. Kaum hat eine Waldorf-Spielgruppe begonnen, strömen die Kinder hinzu. «Wieso nicht gleich ein Kindergarten? Eigentlich müßte es schon eine 1. Klasse geben, vielleicht gleich mit einer 2. Klasse kombiniert ...» Die Initiative gerät sofort unter großen Druck. Und gerade weil die Initiative zu spät geboren wurde, muß sie jetzt zu schnell wachsen und nimmt den Charakter einer Frühgeburt an. Mit solch raffinierten Paradoxa arbeitet dieser Drache.

Aber auch in diesem Fall sind die Erscheinungen der hastigen Geburt und des zu schnellen Wachstums dieselben: mangelnde innere und äußere Formkraft. Durch die Quantität entsteht keine Qualität. Die Initiative zerstört sich durch dieses Wachstum selbst.

10. Der Autonomie-Drache

Der Mensch möchte gerne unabhängig sein. Man will die Dinge in eigener Regie führen. Man möchte so wenig wie möglich andere um etwas bitten. Vor allem in der Anfangsphase einer Initiative betreffen die Fragen meistens das Geld. Die Initiativgruppe hat Ideen. Es sind genügend Menschen da, die mitmachen wollen. Es fehlen nur die materiellen Mittel. Ich sprach im ersten Vortrag davon, daß es in der Natur der Sache liegt, daß neue Initiativen nur durch freie Schenkungen reale Startmöglichkeiten bekommen. Schenkungen machen deutlich, ob eine Initiative gewollt wird. Und weil es freie Schenkungen sind, gibt es nicht direkt die Verpflichtung, etwas leisten zu müssen.

Der Autonomie-Drache flüstert einem zu: «Du sollst nicht um Schenkungen betteln. Du sollst deine Initiative nicht von verschiedenen Damen und Herren abhängig machen. Eine Initiative, die sich selbst respektiert, muß sich selbst erhalten können.» In der Praxis heißt das, daß so eine Initiativgruppe einen Geschäftskredit abschließt, um zu Mitteln zu kommen. Sie sucht normale Kredite mit möglichst günstigen Zinsen. Das bedeutet jedoch, daß man jeden Monat oder jedes Jahr etwas zurückzahlen muß, ebenso wie den Zins. An sich ist dagegen nichts einzuwenden. Aber es ist fraglich, ob diese Finanzierungsform zur Anfangsphase einer Initiative paßt. Die Initiative wird in einem zu frühen Stadium schon belastet: geistig mit Leistungszwang, materiell mit Abzahlungsverpflichtungen.

Verschiedene Initativen sah ich dadurch in große Schwierigkeiten gelangen. Zum Beispiel eine Gruppe von Menschen, die ein alternatives Restaurant eröffnen wollte. Sie hatte sich vorgestellt, daß dieses innerhalb eines Jahres rentabel wäre. Auf dem Papier stimmte die Rechnung: so viele Mahlzeiten zu dem Preis bedeuten so viele Einnahmen: «Subtrahieren wir die Ausgaben und unseren Lohn, bleibt ein genügend großer Betrag übrig, um den Kredit und den Zins zurückzuzahlen.»

Die Wirklichkeit war anders. Sie hatten völlig unterschätzt, daß es mindestens ein Jahr dauert, bis ein Restaurant in die Lebensrealität der Nachbarschaft aufgenommen ist. Die Leute müssen den Weg zum Restaurant gefunden und erlebt haben, wem man dort begegnet, wie die Atmosphäre ist, die Qualität des Essens und so fort. Dann wird das weitererzählt.

Wenn der Säugling in diesem zarten Stadium schon mit zu großen Verpflichtungen belastet ist, wird er sich nicht gesund entwickeln können. Das genannte Restaurant trug noch jahrelang die Narben des Autonomie-Drachens.

Neue Entwicklungen müssen Startmöglichkeiten erhalten, sollen ihre Flügel frei ausbreiten können dank der Wärme der freien Schenkung. Sei es durch Geld, das von außen kommt, sei es in Naturalien, in Form von freiwilliger Hilfe oder durch das Opfer der Pioniere selbst.

11. Der Anpassungs-Drache

Diesen Drachen könnte man auch den Routine-Drachen nennen.

Eine Gruppe hat gute idealistische Gedanken. Sie hat auch konkret erlebt, daß ein Bedürfnis besteht danach, was sie unternehmen will. Sie fängt an. Aber schon beginnt die zähe Wirklichkeit der Außenwelt zu wirken. Da gibt es Schulgesetze, die die unmöglichsten Sachen vorschreiben, zum Beispiel, wieviel Quadratmeter Fenster für ein Kind da sein müssen. Der Inspektor stellt ganz bestimmte Ansprüche an die Buchhaltung. Und ab einer bestimmten Anzahl von Mitarbeitern muß ein Schulrat gebildet werden, eine Art gesetzlich verpflichteter Demokratisierung. Es gibt Vorschriften, wie man gewisse Initiativen nach außen hin bekannt machen muß. Man will eine Stiftung gründen und entdeckt, daß wegen des gerade veränderten Stiftungsrechts die widerlichsten Artikel aufgenommen werden müssen.

So stößt man an allen Seiten auf die harte Wirklichkeit. Und jedesmal stellt sich die Frage: «Sollen wir es nicht einfach so machen, wie wir es für richtig halten? Müssen wir uns anpassen? Oder muten wir uns eine öffentliche Auseinandersetzung mit einem System zu, das keinen Platz bietet für solch eine Initiative, wie wir sie wollen?»

Der Anpassungs-Drache sagt bei jedem Schritt: «Passe dich an. Dieser Kampf mit der Bürokratie kostet endlos viel Zeit und Mühe. Es lohnt sich nicht. Es gibt wichtigere Dinge. Eure Idee ist stark genug, daß sie sich solche Anpassungen erlauben kann.»

Und so beschließt man, sich anzupassen. Dieser Prozeß geht immer in ganz kleinen Schritten vor sich. Der Anpassungs-Drache arbeitet mit der sogenannten Salami-Taktik. Eine Salamiwurst wird nach und nach kleiner, indem man dünne Scheiben abschneidet. Der Begriff stammt aus der Kriegszeit, dies war auch die Taktik der Besatzungsmacht. Sie versuchte, uns Schritt für Schritt kleinzukriegen. Bei jeder Maßnahme – Radio abliefern, Personenregistrierung, Kupfer abgeben, Strom beschränken – kam die Frage: «Lohnt es sich, sich jetzt zu widersetzen? Soll ich wegen dieser Kleinigkeit untertauchen und Risiken auf mich nehmen?» Jeder Schritt war so klein, daß die meisten beschlossen, sich anzupassen. Wer aber zum Beispiel nach drei Jahren zurückschaute, wohin er so mit all diesen kleinen Schritten gelangt war, erschrak heftig.

So arbeitet der Anpassungs-Drache. Nach ein paar Jahren Arbeit dieses Drachens sagt sich eine Initiativgruppe: «Was ist eigentlich an unserer Initiative noch neu? Wir haben uns in jeder Hinsicht konformiert. Es ist nichts mehr vom beseelten Flügelschlag des Anfangs übriggeblieben. Wir sind in einer farblosen Routine angekommen.»

12. Der Solo-Drache

In mancher Initiative ist der Pionier die größte Gefahr für seine eigene Schöpfung. Aus der Mythologie kennen wir das Bild des Vaters, der seine eigenen Kinder frißt. Was heißt das? Es heißt, daß ein Mensch oder eine Gruppe sich so mit der Initiative identifiziert, daß es für andere kaum möglich ist, teilzunehmen.

Pioniere können sich kaum vorstellen, daß auch andere Menschen ihre Initiative mittragen können. Auch wenn die Initiative schon kräftig gewachsen ist, so daß dringend neue Menschen zugezogen werden müssen, sich sogar anbieten, Verantwortung zu tragen, ist es oft noch so, daß der Pionier überall dabei bleibt, anwesend ist, Beschlüsse fällt, die Richtung bestimmt. Es entsteht dadurch die Gefahr, daß gute sachverständige Leute schlußendlich wieder aussteigen, weil sie das Gefühl haben, nicht wirklich mitmachen zu können.

Solange der Pionier sichtbar ist, persönlich anwesend, ist die Sache noch deutlich. Am Anfang ist es auch notwendig, daß der Pionier oder die Initiativgruppe Inspiration ausstrahlt. Der Solo-Drache fängt eigentlich erst zu wirken an, wenn der Pionier unsichtbar wird. Er hat aber noch überall seine Freunde, Leute, die ihm auf die eine oder andere Weise verpflichtet sind. Es kann auch sein, daß eine Pionierfamilie das Steuer in Händen hat und daß man an verschiedenen Schlüsselstellen Neffen und Nichten antrifft. Die Mitarbeiter haben fortwährend das Gefühl, daß es – trotz aller Einspruchsmöglichkeiten und scheinbarer Offenheit – ein «inner circle» ist, der hinter den Kulissen die Fäden zieht. Es wäre nicht das erste Mal, daß so eine Initiative mit dem Pionier oder seiner Generation zugrundeginge.

Zusammenfassung

Wir sind jetzt mit der Beschreibung der Drachenreihe, so wie wir ihr in der Praxis begegneten, am Ende angelangt. Es gibt gewiß noch viel mehr Drachen. Es sind auch die verschiedensten Kombinationen möglich. Wir wollen es jedoch hierbei belassen und als Ganzes anschauen.

Bei der Beschreibung der einzelnen Drachen wird sicherlich aufgefallen sein, daß sie etwas miteinander zu tun haben. Es ist tatsächlich so, daß jeder Drache seinen Komplementär-Drachen hat. Ich werde die Drachenpaare kurz benennen. Man wird sehen, daß der eine stärker von außen wirkt, der andere stärker von innen her.

Das erste Paar: Der Subventions-Drache und der Autonomie-Drache

So wie es schon beschrieben wurde, bringt der Subventions-Drache die Gefahr mit sich, von der subventionierenden Behörde oder der Erbschaft einer verstorbenen Tante völlig abhängig zu werden. Es ist gefährlich, wenn man mühelos an die nötigen Mittel kommt.

Der Autonomie-Drache hingegen birgt die Versuchung, gar nichts von der Welt als Geschenk empfangen zu wollen. Man will von Anfang an die Sache so einrichten, daß sie sich selbst erhalten kann. Ich beschrieb ein Restaurant, das gleich mit einer erheblichen Zins- und Abzahlungslast anfing.

Das zweite Paar: Der Amateur-Drache und der Parasit-Drache

Der Amateur-Drache bewirkt, daß der Mensch kein Bewußtsein davon hat, daß man soziale Änderungen nur dann verwirklichen kann, wenn man auch sich selbst ändert. Wer nicht an sich selbst arbeitet, kann nicht erwarten, einen wesentlichen Beitrag zu der Entwicklung außer der eigenen zu leisten.

Der Parasit-Drache verführt zum Umgekehrten: Menschen sind so von der Selbstentwicklung erfüllt, daß sie ein Stück Außenwelt mißbrauchen, um voranzukommen.

Der Amateur-Drache konzentriert sich ganz auf das Projekt und läßt die Entwicklung der Fähigkeiten in Vergessenheit geraten, der Parasit-Drache konzentriert sich auf seine Selbstverwirklichung und benützt das Projekt, den Kunden, die Kinder als Mittel zum Zweck.

Das dritte Paar: *Der Verwaltungs-Drache und der Solo-Drache*

Der Solo-Drache führt dahin, daß ein Mensch oder eine kleine Gruppe die ganze soziale Initiative in der Hand hat. Er frißt seine eigene Initiative sozusagen fortwährend auf, so daß für andere kein Platz mehr bleibt.

Der Verwaltungs-Drache macht das Umgekehrte. Er nimmt schnell Distanz von der Initiative, gibt den Handlungsspielraum an andere ab. Die müssen es tun. Aus der Entfernung wird aber bürokratisch eingegriffen.

Im einen Fall, beim Solo-Drachen, sind die tragenden Personen mit dem tragenden Impuls ganz eins. Im anderen Fall, beim Verwaltungs-Drachen, werden diese beiden auf eine unfruchtbare Weise auseinandergezogen. Die, die den Impuls (meinen zu) tragen, lassen andere, mittels «Fernsteuerung», die Arbeit machen.

Das vierte Paar: Der Organisations-Drache und der Hast-Drache

Der Organisations-Drache wurde als die Ursache einer Situation beschrieben, bei der die Form das Leben vergewaltigt. Man hat kein Vertrauen in die Lebensprozesse. Man glaubt nicht, daß sich die Flüsse ihr eigenes Bett graben. Der Organisations-Drache schafft von vornherein Formen: gesetzliche Formen, Organisationsformen, Verfahren, Arbeitsverteilungen und so weiter.

Der Hast-Drache bringt uns in eine andere Gefahrenzone: den Lebensüberfluß. Die Sache wächst und wächst und wächst und geht im Chaos zugrunde. Man macht keine Termine mehr, es ist keine Struktur vorhanden, es gibt keinen gesetzlichen Rahmen. Alles wächst schnell und ohne Form.

Man weiß, daß das Leben Gleichgewicht zwischen Form und Bewegung verlangt. Die Waage kann nach beiden Seiten ausschlagen. Zu viel Form tötet das Leben. Wenn das Leben jedoch formlos wuchert, kann der Geist nicht wirksam werden.

Das fünfte Paar:
Der Narziß-Drache und der Anpassungs-Drache

Der Narziß-Drache wirkt so, daß eine Gruppe sich in ihre eigenen Ideen und Ideale verliebt. Sie nimmt die Wirklichkeit nicht mehr wahr. Wenn mit dem Erreichen des Ideals zuviel Begierde verbunden ist, kann man nicht mehr wahrnehmen, ob die Welt wirklich nach solchen Initiativen fragt.

Beim Anpassungs-Drachen fängt die Wirklichkeit an, so zwingend zu werden, daß die ursprünglichen Ideen verlorengehen. Diese werden dann wie «eine Salamischeibe nach der anderen» fallengelassen.

Auch hier begegnen wir einer Variante derselben Polarität: zu stark nach innen und zu stark nach außen.

Das sechste Paar:
Der Spaltpilz-Drache und der Sekten-Drache

Der Spaltpilz-Drache will das, was innerhalb einer Initiativgruppe nicht fruchtbar zusammenwirken kann, doch zusammenfügen.

Der Sekten-Drache beschränkt das, was nach außen hin für viele bestimmt ist, auf eine kleine Gruppe Geistesverwandter. Im ersten Vortrag sprach ich darüber, daß es sich nicht lohnt, Leute, die in Bezug auf die Pädagogik von sehr verschiedenen Menschenbildern und Geistesrichtungen her kommen, zusammen eine Schule gründen zu lassen. Natürlich können diese Menschen sich auf wissenschaftlichem Niveau begegnen, sie können sogar menschlichen Respekt voreinander haben. Das ist aber etwas ganz anderes als gemeinsam zu arbeiten, miteinander anderen einen Dienst zu erweisen. Am produktivsten geschieht das, wenn Menschen sich in Freiheit finden können.

Diese Freiheit gilt auch auf der anderen Seite. Patienten sollen ihren eigenen Arzt wählen können und Eltern die Schule, in die sie Vertrauen haben. Das hat jedoch nur dann einen Sinn, wenn auch eine wirkliche Auswahl möglich ist. Nicht, wenn es eine graue Masse von Durchschnittsschulen und -gesundheitszentren gibt, sondern eine bunte, farbige Differenzierung verschiedener Initiativen. In einem freien Geistesleben sollen die verschiedensten Initiativen auf dem Gebiet der Kunst, der Religion, der Wissenschaft, der Erziehung, des Gesundheitswesens und so fort aufblühen können.

Im Wirtschaftsleben gilt ein anderes Prinzip. Durch Arbeitsteilung und die daraus folgende gegenseitige Abhängigkeit gilt hier die Brüderlichkeit, die Dienstleistung: das heißt auf die Bedürfnisse des anderen einzugehen, die eigenen Kapazitäten zur Verfügung zu stellen, um die Nöte des anderen zu lindern. Und wer aus seinem Bedürfnis heraus auf das, was ich zu bieten habe, angewiesen ist, muß die Möglichkeit haben, diese Dienste auch zu nutzen. Das gilt auch für eine Schule: sie muß für alle, die an dieser Schule interessiert sind, ihre Türen öffnen.

Der Spaltpilz-Drache und der Sekten-Drache versuchen, diese beiden Prinzipien umzudrehen. Der eine versucht, eine Art Brüderlichkeit im Geistesleben zu verwirklichen, indem er sagt: «Ihr werdet innerhalb einer Schule zu einer brüderlichen Zusammenarbeit der verschiedensten Richtungen kommen.» Das kann jedoch nur zur Lähmung der Initiativkraft oder zu großen internen Spannungen führen. Der andere Drache sagt: «Ihr seid doch so frei, die Früchte eurer Arbeit für euch selbst oder wenigstens für eine kleine ausgewählte Gruppe zu behalten.»

Diese beiden Drachen versuchen, der sozialen Dreigliederung entgegenzuwirken, indem sie die Prinzipien, die ins Geistesleben, respektive ins Wirtschaftsleben gehören, umdrehen.

Wir haben nun alle Drachen in sechs Paaren zugeordnet (siehe Schema). Wenn wir die Paare noch einmal betrachten, sieht man auf der linken Seite Drachen, die die Außenwelt zu stark hereinlassen, wodurch keine Abgeschlossenheit entsteht. Und gerade diese Abgeschlossenheit ist nötig, damit etwas reifen kann, so daß eine Initiative eine starke eigene Identität erhält. Auf der anderen Seite sieht man

Drachen, die eine Gruppe dazu verführen, sich zu stark abzuschließen, zu stark in den eigenen Ideen zu leben und sich von der Welt zu entfremden.

	zu offen:	*zu geschlossen:*
1. Paar:	Subventions-Drache	Autonomie-Drache
2. Paar:	Amateur-Drache	Parasit-Drache
3. Paar:	Verwaltungs-Drache	Solo-Drache
4. Paar:	Hast-Drache	Organisations-Drache
5. Paar:	Anpassungs-Drache	Narziß-Drache
6. Paar:	Spaltpilz-Drache	Sekten-Drache

III.

Versuch, die sechs Polaritäten noch anders zu charakterisieren. Die Urpolarität. Winter-Drachen und Sommer-Drachen. Die Position der Mitte

Nun haben wir in die ganze Drachenfamilie eine gewisse Ordnung gebracht. Wir sahen, daß sie zu zweit komplementär sind, daß sie zusammen immer eine Polarität bilden. Ich glaube, es ist wichtig, daß man diese Polaritäten noch etwas genauer benennt. Alle sind eine Metamorphose einer Urpolarität. Diese ist mit Innen–Außen, Geist–Materie, Männlich–Weiblich zu bezeichnen. Es ist jedoch wichtig zu sehen, in welcher Hülle, in welchem Kleid, in welcher Gestalt die Urpolarität jeweils erscheint. Deshalb will ich diese sechs Polaritäten noch einmal durchnehmen und versuchen, Begriffe zu finden, die die betreffende Polarität zum Ausdruck bringen. Ich muß mit Nachdruck darum bitten, dabei jede Dogmatik fernzuhalten. Die Drachen sind empirisch gefunden. Zufällig sind es zwölf. Ich versuchte, sie einigermaßen zu ordnen. Vorsichtig versuche ich jetzt, dafür Begriffe zu finden. Das ganze ist jedoch in Entwicklung. Man soll kein System daraus machen, man soll es in Bewegung halten.

Das erste Paar bildeten der Subventions-Drachen und der Autonomie-Drache. Was spricht sich da für eine Polarität aus? Das soziale Leben besteht aus Geben und Nehmen, aus Rechten und Pflichten. Eine zentrale Frage ist dabei immer: Inwieweit werde ich von der Umgebung getragen und inwieweit habe ich meinen Mittelpunkt auf eine Weise gefunden, daß ich einen Teil der Umgebung mittragen kann?

Ein kleines Kind wird ganz durch seine Umgebung getragen. Allmählich wird es selbständig. Später kann es andere tragen. Wenn man das ins Makro-Soziale übersetzt, dann heißt das: Das Geistesleben muß materiell durch seine wirtschaftliche Umgebung getragen werden. Das Wirtschaftsleben, das ja Überschuß produziert (Gewinn), hat die Möglichkeit, das Geistesleben materiell zu tragen.

Aber die Polarität gilt auch anders herum. Das Wirtschaftsleben ist völlig abhängig von der Befruchtung durch das Geistesleben. Es muß fortwährend empfangen, was Menschen an Fähigkeiten, Ideen und Initiativen geben. Geistig betrachtet hat das kulturelle Leben immer Überschuß. Dort entwickeln sich Fähigkeiten, die verschenkt werden können.

Deshalb charakterisiere ich diese Polarität so: Durch die Umgebung *getragen werden* und die Umgebung *mittragen.*

Das zweite Paar bildeten der Organisations-Drache und der Hast-Drache. In dieser Zweiheit von Organisation und Expansion drückt sich eine klassische Polarität aus: *Form* und *Bewegung.* Jedes Leben hat Bewegung in sich, fordert jedoch auch Form. Das kann eine Zeitform sein, zum Beispiel ein Rhythmus. Rhythmus ist geformte Bewegung, sich bewegende Form. Im Rhythmus des Einatmens und Ausatmens ist immer Bewegung, aber auch eine Gestaltung in der Zeit.

Die Form kann räumlich sein: eine Organisationsform oder die Einrichtung eines Gebäudes. Wiederum ist jedoch die zentrale Frage: Inwieweit steht die soziale Form im Dienste der Bewegung? Und wenn man das soziale Leben sich selbst überläßt, lautet die Frage: Hat die Bewegung genügend eigene Formen geschaffen, oder ist es nötig, nachzuhelfen?

Das dritte Paar bildeten der Solo-Drachen und der Verwaltungs-Drache. In den beiden Beispielen, die ich nannte, vermischten die zwei Drachen sich ein wenig, wurden etwas diffus. So ist es auch in der Wirklichkeit. Sie arbeiten oft zusammen und sind dann schwer zu erkennen.

Welches Urbild steht hinter dieser Polarität? In welcher Gestalt erscheint die Innen-Außen-Polarität hier? Ich möchte sie als die Polarität der *Gründer* und *Mitarbeiter* beschreiben.

Eine Initiative hat immer einen Initiativkern. Das ist eine Gruppe, die begeistert ist und etwas will, die den Mut hat, Ideen trotz aller Widerstände zu verwirklichen. Diese Menschen sind die Gründer, auch in einer späteren Phase, denn es muß fortwährend neu «gegründet» werden. Jetzt kommt aus der Außenwelt eine Art Gegenbewegung. Eine gute Initiative zieht Menschen an, die sich damit verbinden, oder aus anderen Gründen mitarbeiten wollen. Die erste Bewegung stammt unmittelbar aus der Gründungsinitiative, die zweite Bewegung wird aufgerufen.

Die Beispiele zeigen zwei Extreme. Das Gemeinsame ist, daß die Initiativgründer sich weiterhin selbst als Impulsträger sehen. Aus dieser Verantwortung heraus lassen sie die Neulinge an der Beschlußfassung nicht mitwirken. Beim Solo-Drachen geschieht dies von innen her, mehr oder weniger sichtbar, aber deutlich spürbar. Beim Verwaltungs-Drachen geschieht es von außen her, formalisiert in der Verwaltungsverantwortung.

Die Arbeit dieser Drachen kann zu einer unfruchtbaren Polarisation zwischen den Gründern und den Mitarbeitern führen. Mitarbeiter organisieren sich und verlangen auf demokratischem Weg ihr Mitspracherecht. Damit kann, nebst der genannten Polarisation, ein demokratisches Element in einen Bereich kommen, in den es nicht gehört.

Ein Beispiel: Eine kleine Elterngruppe arbeitet drei Jahre intensiv an der Vorbereitung einer Schule. In dem Moment, in dem die Schule anfängt, kommt eine andere Gruppe (die, die ihre Kinder in die Schule bringen). Diese meint, daß sie sofort bei allem mitreden und mitentscheiden darf. Solch eine Gruppe kann dann sehr empört sein, wenn die Initiativgruppe für die Initiative eine gewisse eigene

Verantwortung beansprucht und die Identität bewahren will.

Es gibt Fälle, in denen durch eine Demokratisierung dieser Art die Initiative in kürzester Zeit kraft- und farblos wurde.

Das vierte Paar bildeten der Amateur-Drache und der Parasit-Drache.

Bei der Beschreibung des Amateur-Drachens haben sich die Menschen völlig der Initiative hingegeben, aber ihre eigene Entwicklung vernachlässigt. Im Falle des Parasit-Drachens waren die Menschen mit ihrer eigenen Entwicklung beschäftigt und haben der Außenwelt sehr wenig gegeben.

In der Arbeit, die ich im Rahmen des Institutes für Organisations-Entwicklung (NPJ) machte, nannten wir dies die Polarität der Lern-Prozesse und Organisationsveränderungs-Prozesse. Ich möchte sie hier anders benennen: *Schenken* und *Sich-Entwickeln.* Wenn man nichts entwickelt, kann man auch nichts verschenken. Auf der anderen Seite: indem man etwas unternimmt, werden die Entwicklungsnotwendigkeit und das Entwicklungsbedürfnis erst wirklich erlebt, beziehungsweise geweckt.

Das fünfte Paar bildeten der Spaltpilz-Drache und der Sekten-Drache. Wir sprachen schon ausführlich über diese Polarität. Im einen Fall wird die Frucht durch eine kleine Gruppe monopolisiert und nicht an die Gesellschaft verschenkt. Im anderen Fall müssen Gruppierungen innerhalb der Initiative zusammenarbeiten, die so gegensätzlich sind, daß keine deutlich eigene Identität entstehen kann. Deshalb möchte ich diese Polarität mit den Worten *Identität* und *Sozialität* umschreiben: sich abschließen, um die eigene Identität zu finden, und sich ganz öffnen, um auf die Bedürfnisse der Menschen eingehen zu können und nicht nur auf die einer bevorzugten kleinen Gruppe.

Das sechste Paar bildeten der Anpassungs-Drache und der Narziß-Drache. Wieder dieselbe Polarität wie bei den vorigen fünf, aber in einem anderen Gewand. Beim Narziß-Drachen sind die Menschen sehr mit der Zukunft beschäftigt. Sie reden fortwährend davon, wie alles aussehen muß. Sie tragen die Ideale stark in sich. Ideale sind Bilder mit Zukunftscharakter. Um sie herum ist eine Welt, die aus der Vergangenheit entstanden ist. Man begegnet dort Rechtsformen, die noch aus dem Römischen Reich stammen und sogar hierarchischen Strukturen, die ihre Wurzeln im alten Ägypten haben. Diese ganze Vergangenheit lebt in der Gegenwart weiter, die eine nicht zu verleugnende Wirklichkeit ist. Man muß sie durchschauen, will man darin fruchtbar arbeiten können. Man kann jedoch auch so davon gefangen werden, daß man sein Zukunftsideal verliert und sich an die Vergangenheit anpaßt.

Deshalb bezeichnen wir diese Polarität kurz mit den Worten *Zukunft* und *Vergangenheit.* Die große Herausforderung dieser Polarität ist, daß man den Mut hat, mit hohen Idealen in die Zukunft hineinzuleben und zur gleichen Zeit mit großem Interesse und Wirklichkeitssinn die Gegenwart als Produkt der Vergangenheit durchschaut und probiert, sie umzuformen.

Soweit wollen wir den Versuch führen, in Worten auszudrücken, wie die gleiche Polarität immer wieder in einer anderen Gestalt erscheint. Die Urpolarität zwischen Geist und Materie erscheint in immer neuen Farben, sich dabei jedesmal metamorphosierend.

Wenn man konkret in einem sozialen Projekt mitarbeitet, an einer sozialen Initiative beteiligt ist, kann es eine Hilfe sein, wenn man selbst erkennt, in welcher Gestalt die Polarität dort erscheint. Die Antwort auf diese Frage kann sogar der Höhepunkt des Erkenntnisprozesses sein. Die Urteilsbildung vollzieht sich in einem Rhythmus zwischen dem Weg des Wählens («Wir wollen die Welt verändern») und dem Erkenntnisweg («Wir wollen die Welt begreifen»). Der Weg des Wählens spielt sich innerhalb der Polarität der Ziele und Mittel ab: ein rhythmisches Hin und Her zwischen der Frage, was wir nun eigentlich wollen und der Frage, wie wir das konkret handelnd erreichen können. Auf dem Erkenntnisweg spielt sich dieser Rhythmus zwischen den Polen des Wahrnehmens und des Denkens ab. Man sammelt Tatsachen und Wahrnehmungen und versucht, diese mit Gedanken zu begreifen. Ich denke, daß die Kernfrage auf dem Erkenntnisweg liegt: In welcher Polarität befinden wir uns, und wie stehen wir darin? Man versucht, die soziale Wirklichkeit, in der man mit seiner Initiative steht, zu begreifen im Sinne einer oder mehrerer der genannten Polaritäten. Man kann sich sozusagen innerlich mit seiner Initiative an den Polaritäten entlang bewegen, fortwährend abwägend und sich fragend, welche Kräfte wirksam sind. Zu viel Form oder zu viel Bewegung, zu wenig Identität oder zu wenig Sozialität, pflege ich mich selbst oder trage ich andere und so weiter.

Wenn man ein Gefühl dafür entwickelt, welche Kräfte wirksam sind, weiß man auch, in welcher Richtung der Weg des Wählens gegangen werden muß. Denn beim Weg des Wählens ist die Kernfrage immer: Wie können wir ein gesundes Gleichgewicht bewahren?

Mit dem Wort *Gleichgewicht* als Leitmotiv möchte ich diese Sammlung von Drachen zu einem zusammenhängenden Bild bringen (siehe Schema). Oben stehen sechs der beschriebenen Drachen. Ich charakterisiere sie als *Sommer-Drachen.* Im Sommer haben wir die Neigung, uns in der Umgebung zu verlieren, in der Natur, in den Sinneseindrücken.

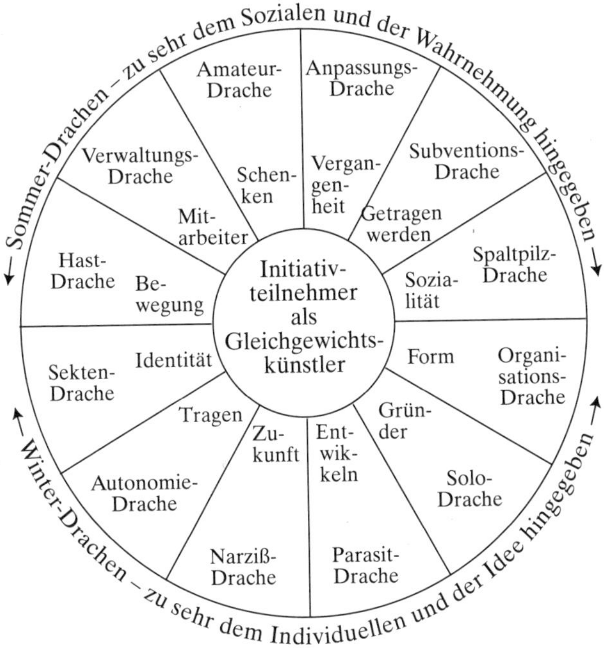
← Sommer-Drachen – zu sehr dem Sozialen und der Wahrnehmung hingegeben →
Amateur-Drache
Anpassungs-Drache
Verwaltungs-Drache
Schenken
Vergangenheit
Subventions-Drache
Mitarbeiter
Getragen werden
Hast-Drache
Bewegung
Spaltpilz-Drache
Sozialität
Initiativteilnehmer als Gleichgewichtskünstler
Sekten-Drache
Identität
Form
Organisations-Drache
Tragen
Zukunft
Entwikkeln
Gründer
Autonomie-Drache
Solo-Drache
Narziß-Drache
Parasit-Drache
← Winter-Drachen – zu sehr dem Individuellen und der Idee hingegeben →

Unten stehen die sechs anderen Drachen. Sie möchten uns in Versuchung führen, uns zu sehr mit uns selbst zu beschäftigen, mit unseren Ideen, mit den Formen, die wir uns ausgedacht haben, mit unserer Entwicklung. Ich nenne sie *Winter-Drachen,* weil man im Winter das Bedürfnis hat, zu sich selbst zu kommen, in Gedanken sinnend sich zu beschäftigen.

In der Mitte steht der Mensch, der Initiativteilnehmer, oder die Gruppe der Initiativteilnehmer. Ich charakterisiere sie als *Gleichgewichtskünstler.* Damit wird ausgedrückt, daß der Mensch ein Wesen der Mitte ist. Er ist Bürger zweier Welten. Er hat mit seinem Denken und auch mit seinem Fühlen und Wollen die Möglichkeit, ganz in der Wirklichkeit einer geistigen Welt zu leben. Aber er hat genauso die Fähigkeit, in der Wahrnehmung und mit seinem konkreten Handeln in der physisch-sinnlichen Welt zu leben und zu arbeiten. Der Mensch ist in der geistigen Welt und auf der Erde zu Hause. Er ist das einzige Wesen der Schöpfung, das die Möglichkeit hat, seine geistige Identität hier in die physisch-sinnliche Welt zu tragen und sich dessen bewußt zu sein. Mineralien, Pflanzen und Tiere haben eine physische Wirklichkeit auf der Erde, aber das geistige Prinzip, das in ihnen wirksam ist, verbleibt in höheren Regionen, ohne daß sie sich dessen bewußt sind. Über dem Menschen stehende hierarchische Wesen tragen ihre Entelechie mit Bewußtsein in einer höheren Welt, sie haben jedoch keinen physischen Leib auf der Erde. Der Mensch ist das einzige Wesen, das seine Entelechie auf der Erde in einem Leib trägt und mit vollem Bewußtsein in zwei Welten leben kann.

Dieses mittlere Gebiet, diese Mittelposition ist als Möglichkeit eine Gegebenheit. Diese Mitte zu erobern, in ihr aufrecht stehen zu bleiben, ist die Essenz der menschlichen Freiheit. Diese Mitte ist keine langweilige, statische Angelegenheit. Sie ist äußerst dramatisch, dynamisch. Denn auf dem Wege zur Freiheit gleitet der Mensch in zwei Richtungen fortwährend ab. Zwei Machtbereiche wirken auf ihn ein. Nur wenn er die auf ihn einwirkenden Kräfte zum Guten gebraucht, kann er vorwärtsschreitend sein Ziel erreichen. Genau wie der Seiltänzer, der seinen Gleichgewichtsstab nicht schön horizontal hält, sondern dies fortwährend links und rechts auf und nieder schwingen läßt. Er benützt die Kräfte, die ihn in den Abgrund ziehen wollen, um sein Gleichgewicht zu halten, um vorwärts zu schreiten.

So ist es auch mit einer Initiativgruppe. Sie muß die Kräfte, die sie wegziehen wollen, gebrauchen. Eine Gruppe muß sich gründlich mit ihrer eigenen Entwicklung beschäftigen, aber sie muß sich auch selbst verschenken können. Sie muß Bewegung erlauben, aber auch gestaltend eingreifen können. Sie muß den Mut haben, sich im richtigen Moment tragen zu lassen, doch wenn es soweit ist, auch andere tragen. Sie darf sich als Gründergruppe die Initiative nicht nehmen lassen und muß doch für Neulinge Platz machen. Sie muß den Mut haben, weit in die Zukunft zu denken und doch die Wirklichkeit des Gewordenen voll anerkennen. Sie muß die Initiative um ihrer Identität willen abgrenzen und doch ihre Früchte selbstlos wegschenken können.

Jeder Schritt in eine der beiden Richtungen ist notwendig und gefährlich. Denn in der Einseitigkeit begegnen wir einem Aspekt des Bösen, welches wir als Widerstandskraft für unsere Entwicklung brauchen. In seinen geisteswissenschaftlichen Forschungen beschreibt Rudolf Steiner das Böse in seiner Doppelseitigkeit. Im Anschluß an alte Traditionen nennt er die eine Macht *Ahriman:* er will uns an die Erde fesseln, uns zu äußerst intelligenten, aber unfreien Robotern machen. Die andere Macht nennt er *Luzifer:* er will uns von der Erde entfremden und uns in einer Scheinwelt der hochmütigen Illusionen verweilen lassen.

Wenn wir nun noch einmal das Bild mit den zwölf Drachen betrachten, können wir uns bei den Sommer-Drachen Ahriman vorstellen. Er will uns an die Welt, an das Gewordene, das Äußerliche fesseln. Wir sollen unsere Ideale vergessen und uns völlig den irdischen Verhältnissen anpassen.

Bei den Winter-Drachen können wir uns Luzifer

vorstellen. Er will, daß wir die Erde vergessen, so daß wir nur noch mit uns selbst beschäftigt sind.

Am Anfang erwähnte ich das Paradoxon der «sozialen Initiative»: ganz aus dem Ich heraus geboren und doch völlig auf den anderen ausgerichtet. Ich behauptete, daß die Lösung dieses Widerspruchs etwas mit der Verwirklichung der Freiheit zu tun hat.

Die Gegenmächte versuchen beide, auf ihre Art dieses Paradoxon zu lösen. Ahriman macht uns zu schein-sozialen Wesen: angepaßt, doch ohne eigene Identität. Luzifer macht uns zu schein-individuellen Wesen: aufgeblasene Egoisten ohne wirkliche soziale Beziehungen.

Diese Gegenmächte können jedoch nur durch den Menschen ihre Wirksamkeit entfalten. Und das auch nur, wenn der Mensch ihre Kräfte nicht beherrscht. Der Mensch jedoch kann lernen, ihre Kräfte zu beherrschen. Er kann es sich erlauben, nach vorne und nach hinten, nach links und nach rechts, nach unten und nach oben, nach innen und nach außen zu schwenken, wenn er in sich selbst eine kräftige Mitte findet, die ihn hält.

Auf welche Kraft können wir da in uns selbst bauen? Auf die Christus-Kraft. Christus, aus den höchsten geistigen Regionen kommend, wurde ganz Mensch. Er erlebte das irdische Schicksal bis zum physischen Tod. In der Auferstehung wurde Er die lebendige Kraft, die jeder von uns in sich selbst finden kann und die die Menschen in ihren gegenseitigen Beziehungen wirkend erleben können. Durch diese Kraft können wir in der Mitte aufrecht bleiben und die Kräfte der beiden Pole – die dann ihre böse Wirkung verloren haben – für eine positive Entwicklung nutzen.

Das drückt sich in der großen Holzplastik aus, die Rudolf Steiner für das erste Goetheanum, das Zentrum der anthroposophischen Bewegung, schuf: im Menschheitsrepräsentanten, der, vorwärtsschreitend, zwischen Ahriman und Luzifer einen Freiraum schaffend, den beiden Mächten ihren Platz zuweist.